Rudolf Pernusch

Viel Stufen hat der steile Weg

VINDOBONA
VERLAG SEIT 1946

Bibliografische Information
der Deutschen Nationalbibliothek:

Die Deutsche Nationalbibliothek
verzeichnet diese Publikation in
der Deutschen Nationalbibliografie.
Detaillierte bibliografische Daten
sind im Internet über
http://www.d-nb.de abrufbar.

Alle Rechte der Verbreitung,
auch durch Film, Funk und Fernsehen,
fotomechanische Wiedergabe,
Tonträger, elektronische Datenträger und
auszugsweisen Nachdruck,
sind vorbehalten.

www.vindobonaverlag.com

© 2023 Vindobona Verlag

ISBN 978-3-903574-11-3
Lektorat: Mag. Eva-Maria Peidelstein
Umschlagfoto: Rudolf Pernusch
Umschlaggestaltung, Layout & Satz:
Vindobona Verlag

Gedruckt in der Europäischen Union
auf umweltfreundlichem, chlor- und
säurefrei gebleichtem Papier.

In fünf Monaten zwischen Weihnachten und Pfingsten notierte Beobachtungen, Ängste, Erwartungen und Fantasien in Texten, teils rhythmisch beschwingt, teils holprig wie das Stolpern auf den Stufen, als Herausforderung, Anklage und auch schmerzliche Resignation. Bewusst wird auf eine Anordnung des Durcheinanders verzichtet, um so durch die Beibehaltung der Reihung der Texte nach ihrer Entstehung, vielleicht, Interesse für die Vielfalt im Chaos anzuregen und Neugier zu wecken.

Zwischenzeit

Wenn die gefleckten Vögel
sich den Himmel greifen,
auf Flammenflügeln tanzen
ihren Schaukelschwung,
den Abgrund wissen,
doch den Horizont nur streifen,
um sich zu wiegen in der frühen Dämmerung,

dann klagt von Abschiedsweh
bisweilen eine Weise,
die nur sich selbst erhört als Widerhall
und sanft Erinnern an die frühe, lange Reise,
die aus dem Nichts entführte in das Überall.

Fast ist der Abend schon hereingedrungen,
der Hain belauscht sein eignes Geraune,
durch das betörend süße
Saitenspiele sind erklungen
und sich ermüdet strecken satte Faune.

Sie lüften ihren Fleischberg, der sie zur Begattung
der ewig Wiederholten, immer Neuen drängt.
Schnell schwindet
mit dem Tageslichte die Ermattung,
wenn Gier der Abendwind in ihre Nüstern hängt.

Streicht durch die Vogelbeerensträuche
spät ein Gast,
der nichts mehr weiß von alter Zauber Wirken,
kann es geschehen, dass die Nacht ihn fasst
und er im Schlafe trinkt
den Wurzelsaft der Birken.

WerWasWoWie oder
der wachsende Wert des «W»

Dann sagte er, du weißt schon wer,
er sagte, aber das, ja, was er sagte,
das war doch irgendwie so, wie ich sagen
wollte, als du mich irgendetwas gefragt hast.
Ja, habe ich es nicht gesagt,
oder hast du mich nicht verstanden?

Aufgeschrieben habe ich es auf das Briefkuvert
von irgendeiner Bank, die Geld will oder mir
Geld zu Wucherzinsen leihen möchte, diese
Bank. Nicht meine, aber doch bekannt, die,
Himmelherrgottsakra! welche ist es,
aber doch egal,
also ein Kuvert, auf das ich notierte
und das ich weggeworfen habe, denn es ist
nicht mehr da, und dort auch nicht und
vielleicht auf dem Boden?

Aber da liegt etwas, ein Zettel aus dem
Vormerkbuch. Da steht so vieles drauf, aber
ich kann es nicht mehr lesen, denn der
Schreiber, muss wohl ich gewesen sein, denn
niemand sonst kommt in mein Zimmer, um

etwas zu notieren und auf den Boden zu legen, zu werfen, was er geschrieben, oder?

In die Apotheke soll ich gehen, hat meine Frau gesagt und kaufen, das Mittel, das sie nach dem Frühstück jeden Tag einmal, ich weiß, es ist in einer gelben Packung, und wie es heißt, wird mir sicher einfallen, wenn ich es in der Apotheke sehe.
Wird auch nicht von der Krankenversicherung bezahlt, also muss ich, wo ist jetzt schon wieder meine Bankkarte, die ich noch vor ein paar Stunden verwendete?
In meinem Gilet?
Hosentasche? Kann ja nicht sein, denn dort stecke ich sie nie hin, immer in die Brusttasche, aber dieses verdammte Hemd hat keine, dort stecke ich immer die Bankkarte hin, wenn ich eine Brusttasche habe.

In der Umhangtasche? Da, das Lederetui, das mir vor Jahren die «Diners», an die erinnere ich mich noch gut, die hat es mir geschenkt, oder war es die Kalenderfirma?
Aber dieses Etui, leer ist es!

Ich muss mehr Struktur in meinen Tag
bringen, immer schön klar, immer dieselben
Routinen!
Muss ich mir noch überlegen, welche am
geeignetsten sind, die Routinen.

Auch dort nicht.
Noch einmal das Gilet. Da! Da ist sie, die blaue
Visa, schön in der sichersten Innentasche. Ich
bin doch aufmerksam und vorsichtig.

Muss man aber auch, wenn man wissen will,
was wer wo gesagt hat und vielleicht,
vielleicht sogar, warum!

Meine Bankkarte! Und der Code, der Code?

Du hast mir den Rücken gekehrt

Du hast mir den Rücken gekehrt, drehtest dich einfach um. Ich war ein wenig verstört und fragte mich: Warum?

Freilich, wenn ich überlege, wie es damals begann, sich überkreuzten unsere Wege und unser Verhältnis fing an.

Verhältnis, so nennt man dies heute, seit die Ehe nicht mehr modern, da man sich davor scheute und sie belächelte gern.

Doch dieses Spiel mit den Worten, in das man sich häufig verliert, wartete damals noch vor den Pforten da drinnen die Lust uns regiert.

Die schönen Tage, die Wochen, sie verliefen,
ein glücklicher Mai, ein Sommer, der Herbst
kam gekrochen, ermüdet vom Einerlei.

Als ich dann „Liebst du mich noch?" fragte,
erstarrtest du und dein Blick wurde leer.

Es war acht Uhr, der Morgen tagte und ich
verstand, da war nichts mehr.

Pures Gequassel

Keiner war da, niemand sah zu, wie einmal
etwas geschah, von dem wir heute noch reden
doch nichts davon wissen.

Wie wollte man auch verstehen,
was außerhalb dessen eine Existenz haben
will, von der wir nichts wissen und nichts
wissen wollen, denn würden wir es wissen,
was wäre dann unser Sein,
das nicht einmal den Zehennagel dessen
überragt, der seine Schritte zählt
und wenn er davon ausreichend belächelt
tritt er unser Sein in das Nichts.

Hineinsteigen in die Fantasie und den Himmel
aufschneiden,
dass sein Blautuch wegschnellt unter unseren
Händen.

Sind wir Giganten,
wenn nicht, wie konnten wir uns vorstellen,
uns auf der anderen Seite des Horizonts
mit dem Regenbogen die Nase zu kitzeln?

So sind es die Träume, in denen wir aufsteigen
und auch unser Versagen bekümmern, doch
wir wissen darum und arbeiten an unserer
Vergebung.

Nochmals Zeit

Verlieren hallt noch irgendwo in meinem Schädel, und es war wohl eine Nachwirkung jenes Irrtums, der mich eine Stunde vor der vereinbarten Zeit auf die Straße schickte.

Ich verliere mich in die Zeit oder in der Zeit oder die Zeit verliert mich und wo?

Finden wir uns wieder, die Zeit und ich, und wer wird dies bedauern, wen wird es erfreuen und überhaupt:
Was soll ich mit der Zeit und was will sie von mir, falls?

Aber sie ist wohl gar nicht interessiert. Ach, immer diese Vermenschlichungen, Sapperlot!

Ich habe vielleicht zu viel davon, also Pensionistenzeit, da wird es wohl Zeit, allmählich langsam zu vergessen, was vor langer Zeit, ach, welche Zeit, war…?
Aus, aus, aus!
… Sag nach: Das Leben ist schön …

Der steife Nacken

Nur nicht nach hinten schauen, stets nach
vorne nur, das höre ich auch heute noch.
Vom Vorwärtssehen ist ganz steif mein
Nacken, doch drehe ich den Kopf ein wenig nur
schreckt mich der Wirbelknochen Knacken

Was soll, was meint nur dies Geheiß und liegt
darin ein ganz besonderer Sinn? Ich zürne
und es treibt aus mir den Schweiß, weil ich
erkennen muss,
dass ich vergebens suche den Beginn

dieses Befehls, den ich nun schließlich
akzeptiere, weil ich verstehe, was er sagen will:
er hindert mich, dass ich in Klagen mich verliere
und stehen bleibe,
vom Weg mich wende und verharre still,

versinke in die Innenschau und lamentiere,
was aus mir geworden: Ein müder Alter,
dem die Welt scheint grau und fahl,
der verstimmt von Missakkorden
sich hilfesuchend klammert an hohler Worte Bau.

Trennung

Kaum rührt sich das welkende Blatt, wenn
im keimenden Abend der Wind sich quält und
zögernd nur sich überwindet, sich behutsam
nähert, um es dem Baum zu entreißen.

Dann fasst er Mut, der Spätwind,
und mit einem Hauch löst er den trockenen
Stängel, atmet das Blatt in sich und trägt es
behutsam, schaukelnd, wie in einer Wiege,
herab auf die Wiese.

Dort träumt es seinem Ende zu im langsamen
Verdämmern der Erinnerung an Sonne, an
Regen und fröhliches Flattern bis zu dem
letzten wundersamen Flug auf den zärtlichen
Armen des Windes.

Wortgebastel

Wer will sie schon wissen, die Gedanken der anderen, wenn man nicht selbst ist darin enthalten?

Leicht wäre es in flotten Reimen verbales Unkraut im Rhythmus verteilen. Nein, man sollte die andren nicht überfordern, nicht von ihnen etwas verlangen,

was sie nicht selbst als ihr Eigenes verstehen. Denn geht man zu weit, verdirbt man zu ernten, weil man nichts Sinnvolles ausgesät.

Kommt mit klangvoller Stimme der Weise und belehrt den, der unwillig, mit der Verlockung, dass hinter den Worten vielleicht etwas steht, das die Mühe der Umkehr belohnt.

Was geschieht dann und ist es wert, als Geschenk zu betrachten, was man gefunden, doch nicht gesucht? Wäre wohl besser, darauf zu verzichten.

Trister Melomane

Schließt du die Augen?
Wenn irgendwann
in dir eine alte Weise anhebt, dich zu
verführen, zurück dich zu rufen, zu dem was
einmal war, ohne dass es dich abhalten will,
den neuen Tag, den herrlichen, heute als
solchen zu preisen.

Ist es vielleicht nur das Bedauern,
nicht in Musik dich einfinden zu können, und
schöpferisch sie zu gestalten, weil du nur ein
stumpfer Sinn und deine Stimme rau klingt,
dich nicht mehr erreichen lässt die Höhen und
Tiefen, dich manchmal sogar zu jämmerlichen
Piepsen verführt?

Nicht Homer noch Shakespeare

Wer weiß denn schon, ob sich Homer,
ja der die Ilias verfasste und weiters auch die
Odyssee beim Harnablassen Schwierigkeiten
hatte, und wüsste man's, wen scherte dies und
ist's für jemand von Bedeutung? Wohl eher
sinnlos, sich daran zu halten, wie man es auch
nicht wissen will, ob Shakespeare war vom
Stuhlgang oft geniert.

Wenn aber solche Seinsaspekte
von jenen, die als zeitlos gelten und
bedeutend durch ihr Werk, von der Geschichte
weggekleckst mit schwarzer Tinte der Zensur,
wie sollte es dann Wert besitzen, wenn
man in zwar korrekten Versen die eigene
Erbärmlichkeit beschreibt und diese der
Nachwelt in ihr Erinnern übermitteln will?

Nein, es ist keine Blasphemie, doch
pointenlose Quasselei von einer
Schmierenkomödie, für die sich nie der
Vorhang heben wird.

Der Wasserträger

Die bunten Bilder des Tages sind erloschen und der Abend legt sich schwer auf meine Schläfen. Viel wird er mir vorschlagen, der knarrende, wenn ich mich in mein Bett lege und strecke, um mich dem erlösenden Schlaf hinzugeben:

Was trägt der beladene Wasserträger in seinen Krügen, um seinem Herrn noch ein trunkenes Fest zu bereiten?

Ich starre auf die Rückwand meiner Augenlider und folgen dem schlurfenden Gang des Dieners durch die endlosen Korridore des Palastes der Nacht.

Erinnern

Was niemals war, das kann man leicht vergessen, wenn man es wollte, doch wer will, wer will auf einen Traum verzichten, den man sein ganzes Leben lang gehegt, gehofft, er könnte einmal doch geschehen?

Ist es enttäuschend dieses Fehlen, von etwas, was nicht war, was uns jedoch bewegt und mit uns ist in unsrer Fantasie. Was ist Realität schon und was Wirklichkeit? Ist denn für uns nur wirklich, was gesehen, gehört, gefühlt?

Ist was gedacht nicht auch für den, der es gedacht,
so wirklich oder gegenwärtig wie jenes, das vielleicht soeben im Nebenzimmer sich ereignet, doch von uns nicht wahrgenommen und nur vielleicht viel später als ein Geschehenes uns berichtet, wirklich wird?
Wozu diese Besorgnis, dieses Zweifeln? Lasst mich doch träumen und wenn der Traum einmal vorbei, was bleibt davon? Vielleicht mir doch süß trauriges Erinnern!

Am See

Leg deine Hand auf meine Stirne, dann wirst
du wissen, wie mir ist und warum ich dich um
Vergebung bitte, anflehe, mich zu hören, mich
zu fühlen.

Denn ich bin abgeschrägt von jener Planke,
auf der ich einst mit dir den See betrachtet, im
kleinen Winkel ganz am Ende jenes Bades, in
das wir gerne gingen, damals, als noch alles
offen, und wir vermeinten,

dass die Sonne, der Schatten unserer Bäume
und die Wiese, auf der ein leichter Wind
die feuchten Leiber sanft und schmeichelnd
trocknete,
dass alles dies für uns nur da sei,
und wir liefen lachend hin zum kleinen
Restaurant,
wo wir zu Mittag speisten.
Und alles ist erst nur ein kleines Jahr vorbei.

Gefasel

Faseln nennt man das Wortgemüse,
das ein übermüdetes Hirn nicht aufhört
auf ein geduldiges Papier oder einen
noch willigeren Bildschirm tröpfeln zu lassen,
manchmal sogar bis zur
Springbrunnenintensität aufgebläht.

Und ich bin so ein Fasler, auch wenn ich
ganz gern die Augen vor mir selbst
verschließe.
So schnappe ich gierig nach jedem
Worthappen,
den ich irgendeiner Szene entreißen kann
oder was mir dieses Hirn vorspielt, einsäuselt
mit lieblicher oder auch schlechter Melodie,
aber es ist vor mir und ich stürze mich darauf
und schon fließt der Tröpfchenstrom weiter.

Bis dann die Augen brennen
und die Finger die Tasten zu oft verfehlen,
weil die Müdigkeit mich über- mannt,
sagt man. Wie auch immer, es endet
und vertrocknet warten Tröpfchen,
die sich nicht genug beschleunigten,
auf ein Morgen.

Glückliche Tröpfchen, ihr fragt nicht nach dem
Sinn, ihr seid, und das ist genug.

Von Zeit zu Zeit

Bisweilen,
ich liebe dieses Wort,
es ist veraltet,
also von Zeit zu Zeit, oder auch manchmal,
verliere ich mich in der Zeit, weshalb ich
bisweilen verwendete,
denn sich von Zeit zu Zeit in der Zeit verlieren,
das ist wohl etwas zu viel Zeit.

Verliere ich mich also so,
dass ich 2 Uhr 55 als fünf vor zwei
plötzlich sehe, auf der Straße,
wo ich mein Taxi erwartete, dass ich für 2 Uhr
55 bestellt und das nicht kommt.
Jetzt nicht kommt und es ist schon ...?

ich schaue auf die Uhr:
2 Uhr!
Und nicht 5 vor zwei und nicht 2 Uhr 55! und
so kehre ich in die Wohnung zurück und ziehe
den Mantel aus und dann sitze ich vor dem
Computer und schreibe
„Bisweilen ..."

Dreikönigstag

Ins neue Jahr bin ich hinein getrudelt,
so wie es irgendwie mir möglich war,
und mein geschwächter Leib hat ausgebuddelt,
den Jüngling Neujahr, wunderbar.

So hätte es vielleicht ein Heinrich Heine
geschrieben und man hätte ihn gelobt,
verziehen seiner Verse Holpersteine,
wenn er bei Reimen sich so ausgetobt.
Mir aber wird man kaum verzeihen
ein solches Loreleyplagiat,
mich in die Masse jener reihen,
für die man nur ein höhnisches Lächeln hat.

Nach eine Woche ohne Poesie kam endlich
wieder die Befreiung:
Dreikönigstag, Epiphanie,
Erscheinungstag nach Christenmeinung.

Zu Ehren der schönen alten Bräuche,
die uns verschönen jedes Fest,
wenn Leckereien füllen unsere Bäuche man
Christen Bacchus ehren lässt.

Die frohe Runde kostet die Galette
und dann, hurra, die Bohne ward gefunden.
Die Tafel wird zur Krönungstätte
und er, der König wird für wenig Stunden

wählt sich als Königin die schönste Maid
und schafft sich Neider damit und Verdruss,
Er wählte falsch, das tut ihm leid.
Das Fest ist aus. Welch trister Schluss!

Nicht alle Tage kommt der Weihnachtsmann
und jede Woche ist sieben Tage lang.
Doch was man darin nicht erreichen kann,
macht keinen guten Christen bang,

weil doch das Christkind uns versöhnt
nach Missgeschicken, unsrem Versagen,
und so das Dasein uns verschönt.
Aufgepasst! Und bitte weitersagen!

Winterfantasie

Viel Schnee fiel heut im Anderswo,
das habe ich gehört oder gelesen? Doch trägt
kein Wind mir seinen Atem zu, den ich so
liebe.

Ich schließe meine Augen und schon
wandre ich in jenem Land, von dem ich eben
sprach.
Leicht legen Flocken sich auf meine Lippen
und werden schmelzend von mir aufgesaugt.

Ich stampfe durch die wirbelnden Kristalle,
mühsam, wie mein Alter es mir auferlegt,
und mit dem Frost, der an den Fingern nagt
und mich heimwärts treibt, torkle ich ins Haus
zurück
zur Wärme und Erholung von des
Spaziergangs Mühe.

Eine Melodie

Käme eine Melodie unangekündigt zu mir,
vergäße ich vielleicht, dass meine
getrockneten Hände
in diesem kalten Zimmer leicht schmerzen
und sich strecken wollen.

Wenn also dieser Ankömmling, dieses
Liedchen oder
was immer, auf einmal da wäre, mit mir, dann
könnte ich wieder etwas schreiben, der Linie
folgen,
die die Weise für mich zeichnete und mich
geleitet.

Wenn die Melodie käme, wenn, aber das ist
falsch:
Kein Geld, keine Musik, sagt so irgendein
Sprichwort, und ich habe nichts getan, doch
wie schön wäre es gewesen, wenn ich sie
hätte singen können, diese Melodie, die nicht
erklungen!

Seufzen

Ach, seufzen ist nicht verboten, aber was
bringt es dem Armen, der nichts anderes
mehr zu sagen weiß? Es ist ja kein Sagen,
ein Ausdruck nur, Ausatmen, und es sollte
Befreiung bringen, wenn mit diesem vom
Sauerstoff entleerten Luftstoß sich auch
entfernte das Schmerzende, das ihn bedrückt.

Der Seufzende aber,
er sollte nicht sich damit begnügen,
denn Seufzen allein ist nicht hilfreich,
wenn es nicht gefolgt von einem Atemzug, das
Aufatmen ist und damit ein
Sich-wieder-Erfangen.
Die Brust hebt sich und mit einem
Wimpernschlag
tritt in Aktion der Wille,
jener Bedrängnis kämpfend zu begegnen und
sie zu überwinden.

Abhang

Wie viel hängt im Leben von etwas ab, das man
zum kritischen Zeitpunkt vielleicht erahnt,
kaum jedoch klar erkennt, und so meint man,
von etwas abzuhängen, das man nicht kennt.

Wir hängen also von etwas ab, das früher
oft die Mutter war, als man noch Kind,
manchmal auch später noch, wenn wir
sie auch nicht bekennen wollen, diese
Abhängigkeit.

Allein, wenn man bedenkt, dass ein Abhang
nicht ansteigt, sondern sich vor uns senkt,
und wir diesen Abhang hinunterzurutschen
gefordert werden können, oder das auch ohne
Druck,
als freie Entscheidung, falls es solche gibt,
gewählt,
so folgt unser Schicksal dieser Entscheidung,
die wir uns selbst angehängt.

Ermunterung

Was soll dies Weinen und Klagen,
die ständige Raunzerei?
Als ginge es um Kopf und Kragen.
Es ist doch nichts dabei,
wenn einmal der Morgenwind rauer
den Staub vor der Haustüre pustet,
leg ich mein Ohr an die Mauer,
horch wie er keucht und hustet,
und schnell ist mein Kummer vorbei,

denn der Himmel wird heller und blauer.
Die Pflanzen und Blumen im Garten,
sie schnappen sich gierig Ozon.
Ich weiß mein Frühstück schon warten,
mein Weibchen, sie ruft mich schon:
Komm, lass uns die Stunden feiern
und ein Prosit zurufen dem Tag.
Seine Schönheit soll er entschleiern,
dass er goldene Früchte uns trag.

Gewissensbisse

Wie oft ich jeden Tag dieses Datum verwende
und mir dabei ständig bewusst ist was es
bedeutet und für mich bedeutet, so kann es
passieren,
so ist es passiert,
dass am Tag, der mit diesen Zahlen für mich
verbunden, völlig mir dieses Bewusstsein
entging.

Und nun, am Tag hernach, lastet es auf mir
wie eine moralische Schuld, und ich suche
mich vor mir selbst zu entschuldigen, denn an
diesem Tag
wurde mir mitgeteilt,
wie sich jene Teile meines Körpers,
die wahrscheinlich von einem Krebsleiden
betroffen, in den Untersuchungen gezeigt
und ob ich die Gewissheit durch eine Biopsie
suche, die bei meinem Alter eher riskant ist.

Und ich sagte dem sympathischen Professor, der die am Vortag gefertigten Bilder studierte auf denen die infiltrierte Zukerersatzsubstanz drei hell markierte Nodule zeigte die zwar nicht tumorös, doch weiche Wucherungen, für die Bestrahlung angemessen erscheinen. Doch waren keinerlei Metastasen zu sehen!

Ich überlegte und sagte dann schließlich zum Arzt: wenn man nichts macht, sterbe ich in ein paar Jahren, mit einer Biopsie vielleicht sofort...!
Und das war entscheidend. Daher ist der nächste Schritt: Bestrahlungen in eine Krebsklinik – wenn es vielleicht auch kein Krebs ist.

Und da habe ich das Datum völlig vergessen und ich bitte dich um Verzeihung!

Qualm

Etwa dort über der Nasenwurzel nach rechts,
liegt auf meiner Stirnwand das qualmige
Scheusal,
das unsichtbar bleibt, doch ich kann es spüren,
wenn ich mit der Hand darüberstreiche

Weiter nach hinten, unter der Schädeldecke
hat es sich zurückgezogen, oder der geduldige
Akupunkteur hat es vertrieben, wie ich hoffe,
denn dem Qualm mein Hirn auszusetzen,
das macht mir Angst.

Aber es ist noch immer dort, rechts über dem
Auge, und streckt seine Finger nach diesem
Auge aus, dem immer noch halbwegs guten,
denn das andere wird seinen schwarzen Fleck in
seinem Brennpunkt, sicher nicht mehr los,
da Zerstörtes nicht wiedererstehen kann.

Keinen Namen gibt es für dich,
so werde ich dich weiter Qualm nennen,
aber ich weiß, dass es sinnlos und dumm,
dich beschimpfen oder beschwören zu wollen,
denn du bist stumpf gegen jeden Angriff,
jede Bitte.
Qualm!

Hinaufsteigen die Rue Lepic

Wenn alles dunkler wird und die Gesichter
flache Scheiben,
und ich durch das Wallen und Wogen
von Schemen torkle,
dann denke ich, dass man vom Lebenslicht
gern spricht und dazu passend, dass es
ausgelöscht. In einer sanfteren Version lässt
man, vielleicht, es flackern eh es erlischt.
Doch das ist meine Meinung nur.

Die kleine Mauer, die den Vorhausgarten
abgrenzt
gegen die Passage, sie bietet Platz mir, um
mich zu erholen. Ich sitze und atme
erst ein, dann aus, dann ein und wieder aus
und das sehr bewusst, und sehe wie das
Bildertanzen
vor meinen Augen, die hin und her sich
beugenden Gestrüppe sich zu beruhigen
scheinen
und ich horche auf den Herzschlag, seinen
hopsenden Rhythmus und des Atmens
Keuchen.

Dann gehe ich zum Gartenausgang, zum nächsten
kurzen Halt noch vor dem Anstieg
in der von Touristen wie von Heimischen
belebten und geliebten kleinen Gasse, die hinauf,
hinauf führt den, der nach Montmartre sucht,
für mich jedoch ein kleines Stückchen nur.

Ich schaffe es, obwohl es sehr beschwerlich,
doch mit Mut und Wissen, dass der Rückweg
ständig abwärtsführen wird,
und mich dort bereits erwartet das Bett
zur Siesta meines Nachmittags.

Ungewissheit

Später oder früher, früher oder später, was
weiß denn ich, was will ich wissen? Das
Zeitgefühl, so es dies jemals gab,
ist meinem alternden Gehirn entrissen.

Und ist das schon bedeutend? Nicht für mich,
denn in der großen Müdigkeit lässt selbst die
Logik ohne Reue mich im Stich
und Bild für Bild lass ich vorüber gleiten.

Was also soll das alles, dieses vage Spiel
in dem sich die Gedanken so gefallen,
dass sie verbinden, lösen, suchen ohne Ziel als
Gäste in dem Schauhaus, das ich bin.

Ist nichts, ist niemand, der die Frage stellt,
wozu das Treiben, Untertreiben, Übertreiben?
Und wer bin ich, dem es sogar gefällt
im leeren Stadion mir selbst zu applaudieren?

Wieviel

Weißt du wieviel Sternlein stehen ...
Warum fällt mir dieses Liedchen ein,
wenn ich am späten Abend vor dem
Bildschirm hocke und irgendetwas, etwas nur
auf einer Tastatur, bewegen will.

Einige Worte, Zeichen aneinanderhängen,
die ich dann mit einiger Begabung zu Sätzen
formen kann, und sie zu einem
vielleicht sinnvoll scheinenden Gefüge umgestalte.

Dabei geht verloren,
wo diese Überlegung ihren Ausgang hatte und
dort das Wort *wieviel*?

Wieviel bleibt mir, wieviel wovon, und es sind
nicht die Sterne, die mich kalt verhöhnen,
die schweren Augendeckel, die sich nach dem
Schlafe sehnen.
Dem Schlaf? Vielleicht...

Irgend

Ich finde es gar nicht lustig dass sich meine Finger vereisen, wenn ich auch für Minuten nur, einige Zeilen geschrieben, das heißt auf der Tastatur meines Computers getippt.

Wen sollte ich dafür als schuldig bezeichnen, da mich doch niemand gezwungen und eigentlich ich allein nur mir Freude schaffen möchte mit diesem kindischen Tippen. Oder?

Was kann ich sonst noch versuchen, meine Zeit zu irgendeinem vernünftigen Zweck zu verwenden, und ist da noch etwas, das nicht unter das fast an Besessenheit grenzende „irgend" stößt?

Ich zapple am Angelhaken meiner Ungeduld, aber ich will erkennen, was ich aus dem Trüben meiner Schläfrigkeit, aus dem sumpfigen Teich modernder Erinnerungen, an ein schlüpfriges Land
zum Trocknen ziehen könnte.

Vergänglichkeit

Sprich nicht von Vergänglichkeit, wenn du die
Liebe meinst, denn die muss ewig sein. Und
sage mir nicht, dass du damit von der Liebe
Gottes redest oder von der Liebe für Gott!

Nein, die Liebe muss ewig sein und sie ist es auch,
wenn man genügend nachdenkt und dann die
Gedanken untersucht.

Wenn wir also an jenen denken,
der noch heute oft zitiert wird,
den Italiener Neuhaus oder?
Wagen wir es, ihn zu nennen, Casanova!

Da sind wir gleich am Ende,
wo wir Anfang suchten, denn dieser liebte viel,
wenn man ihm glauben will,
er liebte viele, und dann fragt man sich,
ob er jemals geliebt, je sich öffnete
für einen andren Menschen und diesen anderen,
so wie er ihn sah, zur Gänze anerkannte,
und ...

na ja, da sind wir fast am Ende wieder,
denn wir wollten sagen, ... liebte,
aber da sträubt sich unser Sinn,
denn wo ist hier der Unterschied,
der den Verliebten und den Wüstling
unterscheidet,
und kann man beides sein, zugleich?

Wenn man die Lebensfülle in sich spürt
und wie sie wächst, allein schon,
wenn man an den andren denkt, und uns
aufschreien
und jubeln machen will, weil da ein anderes
Wesen ist, das uns allein durch seine Existenz
berauscht
und das wir an uns drücken wollen.

Ihm sagen,
dass wir ihm danken wollen für seine Existenz,
und diese schützen wollen, sie auch vor uns
selbst schützen, dass wir sie nicht verdrängen,
unterdrücken, beseitigen durch unser Sein,
das wir dem seinen überlagern wollen,
doch davor zittern, ihm zu schaden und eben,
was wir so schätzen, durch dieses Bejahen,
zersetzen und zerstören könnten.

Wie ist es möglich, dass wir erst bewundern
und dann besitzen wollen und zerstören,
was wir eben so überaus bewundert?

Wir lieben Reinheit und wir wollen sie
beschmutzen,
wir träumen von der Einmaligkeit,
die eben als solche nicht dauern kann.

Schrecklich klingt das Wort *Mäßigung*,
da es genau dem entgegengesetzt,
was die Begeisterung erfordert,
jenes Übermaß das Überschäumen unserer
Lust.

Doch wenn sie überschäumt, was bleibt,
was bleibt, wenn wir versuchen, unsere Blicke
abzukühlen und nach dem suchen, was wir
halten können, das Dauerhafte und den Wert,
den uns ein anderer zu bieten vermag,
dem wir uns behutsam, zart zu nähern
versuchen.

Vielleicht erkennen wir dann, was wir im Rausch
der Sinnlichkeit nicht zu erkennen fähig.
Wenn wir die Hand ausstrecken nach dem
anderen,
der sie ergreift und sagt: ich auch! und dann,
dann brauchen wir nicht mehr Worte,
dann reicht ein Blick
und auch vielleicht irgendeine kleine Melodie,
die in uns beiden widerhallt, ein Echo…

Am Tag nachher

Am Tag nachher, nach der Erregung und
Provokation, die sich auf meine Texte bezog
und denen ihre sogenannte Traurigkeit und
ihr Pessimismus angelastet wird,
mit der ich meine Situation und meine Tage
als so ferne vom Glück und der Zufriedenheit
beschrieben haben sollte, ich mich als
unglücklich der Welt gezeigt... all dies ließ eine
Hektik in mir wachsen und ich schrieb
und schrieb
und ...

Wenn ich heute auch nur etwas reflektiere,
und dies tat ich bereits am frühen Morgen,
dann finde ich, was ich gesucht,
den freieren Begriff und die umfassendere
Definition, die Liebe sich verdient, und da ist
gleich an vorderster und wichtigster Position:
die Mutterliebe!

Als ich mit etwa siebzig Jahren meine Mutter
verlor,
war meine Liebe für sie wie die ihre für mich
ungetrübt.
Dann lasse ich mich aber auch von keinem
Schnösel,
Wichtigmacher oder Modernisten belehren,
dass dies versteckter Sextrieb, verkleidetes
inzestuöses Verlangen usf. wäre: Ich war ein
Stück von ihr.

Genauso wenig aber will ich behaupten,
dass diese Liebe überall auf die Beziehung
Mutter und Kind anwendbar sei, und sie kann
sehr wohl gänzlich fehlen oder durch andere
Gefühle verdrängt werden,
von Gleichgültigkeit, Hass und Verachtung.
Doch wer ist schon gegen den Verfall einer
Beziehung gefeit?

Werde ich morgen bedauern

Werde ich morgen bedauern, dass ich heute nicht
die Süße des Festes mit süßeren Worten zu
besäuseln versuchte, denn man kennt nicht
viele Liebesfeste,
so dass man jenes, das gezielt auf die Liebenden
hinweist, doch sich nicht entgehen lassen sollte.

Wenn man schon darauf erpicht ist,
alles in Worte, in Verse zu verpacken,
sollte man hier einmal so richtig loslegen,
im Tamtam Rhythmus,
den aus Anstand oder Scham versteckten Vorgang
erst jubelnd betrommeln, verlachen, und dann,
was davon übrig ist und uns zu verätzen droht,
mit einem Glas hinunterspülen. Wohin, welche
Spülung?

Verdammt, ich lasse mich schon wieder gehen.
Glaube, dass es einen Zweck hat.
Für wen und wozu? Es ist doch immer
dasselbe,
es ist doch, ist doch immer dasselbe.

Übrigens

Ja, da wollte ich vielleicht noch etwas sagen,
aber da war es schon vorbei, und ich wunderte
mich, wollte nachsehen, wo es verblieben.

Was also von dem, was ich als wichtig
betrachtete
noch übrig war, als ob es sich gehöre,
dass immer etwas übrigbleibt.

Wer aber will schon ein Übriger sein?
So sind es die anderen, die Übrigen,
denn was bleibt übrig,
wenn niemand übrig sein will?

Mir aber bleibt überlassen, von der Bedeutung
oder den Mängeln jener zu reden,
die sich von den Übrigen abgesondert,
so dass ihnen nichts anderes übrigbleibt,

als zu versuchen, die ständige Konfrontation
mit den Übrigen zu überstehen,
Was übrigens nicht immer leicht ist!

Gesunder Menschverstand

Man soll am Anfang beginnen und wissen,
wo sich alles zu etwas vielleicht fügen könnte,
wenn man nur gewissenhaft Zeichen um Zeichen
die Buchstaben setzt.

Das scheint doch eigentlich nicht allzu verdreht.
Könnte dem einfachen Sinn sich erkennbar erweisen.
Doch wo ist der einfache Sinn, und schon mit
der Frage danach erweist sich die Weite der Optionen.

So ist der einfache Bürger, der mit seinem Verstand,
den man gesunder Menschenverstand gerne benennt,
bereits viel schwerer zu finden als die Bezeichnung sagt.

Vielleicht ist diese Eigenschaft, die als gesund
und einfach angesprochen wird, nur das
Produkt einer Destillation
der amorphen Masse Mensch?

Schrecklich, oder eigentlich nur erstaunlich,
was soll ich sagen?
Schweigen wäre wohl angebracht
und so verstumme ich bis zur nächsten
Stunde.

noch zwei Minuten

… noch zwei Minuten bis die Glocke tönt
und mich aus dem Verliese meines
Schädeltempels in eine unbekannte Freiheit zu
entlassen droht. Was kann in solchen Zeiten
noch geschehen, sich in mir entrollen aus
jenen Vorratskammern,
deren Türen nie geöffnet?

Was wird mir in dem Lichte
aus der andren Seite angeboten, aufgedrängt?
Verkennen?
Die Angst…
Ich muss sie überwinden, um einen Schritt
nur gehen zu können. Anschlägt die Glocke,
die Stunde, die Zeit und ich, geblendet,
falle, stürze in das Außen…

Fast Mitternacht

Die Lampe ist auf dem Boden zerschellt weil
ich unachtsam war, so nennt man die Art mit
der ich die nächsten Dinge um mich betaste,
verschiebe und eigentlich kaum gezielt mich
mit ihnen beschäftige.

Denn nun,
bereit in den nächsten Minuten ins Bett
mich zu legen denke ich mich wie ein
Zeitenwandler, der Zwischenzeiten durchgeht
und beatmet
und dann versucht, hinter den geschlossenen
Lidern
den nächsten Schritten entgegenzufließen,

denn das Hirn und der Schädel
und was mich als mein körperliches Dasein
erleben lässt, wandern in die Verspieltheit
der Nacht und der Träume, um dann, nach
Stunden oder in den frühen Tag
sich blinzelnd wiederzufinden.

Sich betrachten

Stell dich vor den Spiegel und schau dich an. Er zeigt, was Du nicht sehen willst, ein faltiges Gesicht und das bist Du, ein alter Mann.

Ich brauche meine Jahre nicht zu zählen, ich kenne sie und wundre mich, was sie besagen wollen, bedeuten,
dass die Zeit nur eine dünne Linie mir noch bietet, auf der ich hin zum Unbekannten wandre.

Ach wandern, welch ein schönes Wort! Schreiten, fröhlich und mit großen Schritten, dem Licht, der Helle und dem Farbenspiel der mich umfangenden Natur sich hinzugeben und sie zu erschreiten.

Ich drehe mich vom Spiegel weg. Muss ich mir eingestehen, dass es für mich kein Morgen gibt, dass es vielleicht auch früher nur ein Träumen war, das sich in leere Worte aufgelöst?

Zum nächsten Sessel tappe ich mich, mich zu erholen
von lästiger Gedanken Schwere. Dann kann
ich mir lächelnd vorstellen, wie der „süße
Vogel Jugend",
dem späten Herbst entflohen und unter
jüngeren Himmeln fern von mir, doch
unverdrossen weiterhin
von Liebe zwitschert.

Telefon

Es läutet das Telefon, läutet und ich warte,
dass dort, wo dieses Läuten sich ereignet eine
Hand den Hörer abhebt, eine Stimme etwas
sagt, zeigt, dass dort jemand ist,
ich mit diesem jemand sprechen kann,
er mir zuhört und antwortet.

Und da ist jetzt,
sind jetzt die Wellen oder wie man dies
benennen sollte,
die mir die Stimme zutragen, meine Stimme
zum anderen tragen, dem, der dort den Hörer
hält,
mich hört, mit mir spricht.

Da ist der, wenn auch nicht da,
dort, wo ich hinhöre,
wo ich gehört werde.
Da ist eine für den anderen und für mich
gemeinsame Welt und ...

Bitte! Ich bitte, leg nicht auf,
leg nicht auf!
... und es knackst Tüü ... tüü ... tüü ...

Und wir sind nicht mehr
und ich bin allein.

Versuch

Hinein in das schwarze Feld wo die
Buchstaben weiß aufleuchten und dort
etwas schreiben, das dann auch noch Sinn
ergibt, vielleicht eine Stimmung entwickelt,
rosafarben oder gewitterwütig, was solls?

Die ständige Angst, etwas zu versäumen und
dann,
wer wird, wenn dieser Bildschirm niemand
mehr widerspiegelt
und alle die Phrasen warten,
dass man sie liest, anschaut und wiederholt,
irgendwie verschwinden, weil er den Schalter
gedreht,
er, den man ungern nennt...

Dann der Versuch, jemanden anzurufen,
von dem man weiß, dass er bzw. sie krank war,
noch ist, angeblich sich erholt, aber man
möchte es hören von ihr selbst. Nichts
Besonderes, oder doch sehr Besonderes, weil
man Angst hat um sie, und da ist jedes Wort,
das von ihr kommt so wichtig, so bedeutend,
aber das Telefon tutet nur,
klingelt irgendwo und niemand hebt ab, und
niemand ist dort, um abzuheben.
Warum hebt niemand ab?
Ich lege auf.
Angst...

Unendlich

Manches Wort macht Angst,
weil man es nicht in sich entwickeln lässt,
es uns so übersteigt, dass es uns zu ertränken droht,
und doch, mit einer kleinen Übertragung
des allgemeinen Sinns in unsere eigene
Dimension, verschwindet leicht die Angst.

Das Wort, an das ich dachte, ist *Unendlichkeit*,
und wie ich es gedacht,
kam mir sogleich ein leichter verdauliches
Synonym
in den Sinn, und das, das ist mir jetzt
entlaufen.

Ich kann nur neu versuchen, wie z. B.
Grenzenlosigkeit oder besser, und das ist sehr
interessant, Endlosigkeit
und da frage ich mich, wo der Unterschied
liegt.

Vielleicht, habe ich es jetzt gefunden, dass
endlos nicht für sich alleinsteht, sondern eine
Eigenschaft benennt, während Unendlichkeit
einen zwar für uns nicht begreifbaren,
unvorstellbaren, aber doch Begriff gibt.
der Zeit und Raum umfassen kann,
sowohl Ewigkeit bezeichnen
wie auch die Unbeschränktheit bzw.
Unbegrenztheit.

Gegenüberstellung und ein Blick auf
französische, englische und italienische
Äquivalente:
Unendlichkeit – Zeit und Raum,
Endlosigkeit – Zeit und Raum
Ewigkeit – Zeit
Grenzenlosigkeit – allgemein
FR infinité et éternité
EN infinity
IT infinità

Geschwächte Inspiration

Wäre der dauernde Schmerz nicht da,
ich könnte sagen, es sei alles in Ordnung,
obwohl ich versucht war, „in Butter" zu sagen.
Doch *in Butter*,
das kann sich doch nicht vom Küchengeist
trennen?

Genug! Ich bin heute steril,
zumindest jetzt am späteren Morgen
nach dem Frühstück.

Besser etwas abwarten und nicht den
letzten Tropfen aus dem trockenen Gehirn
auszuquetschen zu versuchen.

Standort

Aber da ist die Stelle, an der das Schicksal
einsetzt.
Man hat so viel getan, gewünscht, gesucht
und auch verloren, um dort zu landen,
wo sich alle Wege treffen, aber auch scheiden.

Man kommt so weit,
ist so sehr entschieden, dass man weiß und will,
wohin und wann sich wenden.

Aber
man ist doch nie allein und jeder andere
hat auch andre Wünsche.

Beunruhigt

Eben dachte ich an meine Schwester,
die mit der Seuche kämpft aber auch dazu neigt,
sich als geschlagen zu bekennen.
Denn die Müdigkeit, die das Dunkeln bringt,
hat ihre Energie geschwächt. Ich aber hoffe,
dass sie ein anderes Ende finden darf.

Ablenkversuch

Ist es nur, um das Brennen meines linken,
nein, rechten (selbst das ist schon ein Problem
der Orientierung) Auges zu vergessen?
Um zu vergessen, versuche ich, das Wachsen
der Schriftzeichen auf dem schönen weißen
Papier
zu genießen.

Wie lange wird es noch Tinte geben, wenn
niemand mehr Briefe schreibt, wenn jede
Kommunikation auf das Niveau einer
Smartphone Meldung reduziert wurde und
auch das noch zu viel Arbeit verlangt,
sodass die K.I. aufgefordert wird,
unser Gefühlsleben
(wenn das Wort Gefühl noch verwendet
werden soll) zu lenken, zu ersetzen
O Rupi weiß alles und das ist grausam für ihn
und
für uns alle.

Umblättern

Die andere Seite, wenn die Entscheidung,
die oft schwere, getroffen,
man umblättert, vergessen will, die neue, die
andre Seite beschreiben und bestimmen will,
und sieht,
dass diese Seite schon so voll geschrieben für
uns, dass wir nur, vielleicht, einen Beistrich
hinzufügen können
oder ein großes Fragezeichen.

Unbekannte Schuld

Wer wird mir heute noch mit leichten Worten
davon erzählen, was einmal geschah und was
aus stets verschwiegenen Gründen
nie laut gesagt, ja schamhaft fast auch in den
sonst so lauten Medien fast ohne Echo ist
verblieben?

Auch ich, der davon wie der größere Teil der
Welt betroffen war und nur dem Untergang
entging,
weil irgendwo ein Urteil es bestimmte.
Auch mir verlangte immer nach der
Offenbarung,
und allen jenen, die ich liebte,
teilte ich dieses mein Verlangen mit.

Doch nichts geschah, so wie ich es erhofft.
So gehe ich mit banger Miene und verhaltenem
Atem dem langersehnten Augenblicke zu,
von dem ich mir erwarte die Befreiung
und die Erlösung von der Last der
unbekannten Schuld, die mir, dem
Unwissenden, ward auferlegt.

Beruhigung
für Claudie, meine Gattin

Klopft mein Herz schneller, wenn ich an dich denke,
so wie es einmal war im Frühling der Gefühle?

Du alter Narr, was suchst du dort, wo du mit
Worten prassen willst, dich der Versuchung
hingibst
und der Fantasie?

Wo ist der Rausch beim leichten Heben
der Augenlider, die den Blick in eine Welt
erlaubten, in der nichts wirklich, aber alles
voll Bezauberung war, die dich den Alltag zu
entheben vermochten in Himmel,
aus denen nie zu stürzen du geträumt.

Die Höhenluft jedoch verträgt dein Alter nicht
mehr
und die Gefühle lieben das Verschnaufen nicht.
Doch legst du ruhig deine Hand auf ihre, und sie,
die zittern ließ dich einstmals vor Verlangen
und Erwartung, lässt dich auch heute noch
erleben,

wenn sanfter auch und fast verwundert,
wie eine Liebkosung, wenn du spürst,
wie sie dich leicht berührt und streichelt,
wie ihr Blick dich aufnimmt, und in ihrer
Stimme mitschwingt jene Zärtlichkeit, die das
Gemeinsame
der Dauer prägt und dich bejaht.

Was suchst du noch und kramst in lang
verwelkten Rosenblättern und den schwer
erlauschbaren Erinnerungen an Zeiten, die es
nie gegeben?

Schreit lauter, Genossen

Freiheit! brüllt die Masse, und sie droht der anderen Freiheit zu zertrampeln. Mit großen Schreien und Gesten drängt man einander, sucht sich aufzuzwingen, was in den dumpfen Hirnen man zum Brodeln bringen kann, auf dass der Schaum das Denken überschwemme und sich so ein Gemeingeist aus den leeren Ideenbläschen forme, der sich verheddert und zerplatzt, wenn eine andre Melodie verlockender ertönt und sich die Richtung der bewegten Masse umkehrt.

Verbrennt sie, die da eben brüllten, verjagt die feisten Alten, dass die Jugend blühe!

Wischt weg die Feuchtigkeit, die ihre Nasen träufeln und hinter ihren Ohren rieselt.

Ausbeuter fetter Leiber,
grillt auf dem Spieß sie, schürt das Feuer, das
sie mit unsrem letzten Keuchen anzufachen
suchten, auf dass wir alle frei in unsre Hölle
tanzen dürfen.

Das ist die Freiheit, die man uns geschenkt,
wenn man uns alles andere gestohlen.

Nachtlied

Es löscht die Nacht der schönsten Rosen
Zauber aus, denn unsre Augen können nur das
Lichte sehen. Doch Liebender, was du nicht
siehst, es bietet sich den andren Sinnen an,
entzückt mit seiner Melodie dein Ohr und sein
Aroma drängt sich dir berauschend auf.

So schließe deine Augen und mit leiser sanfter
Geste suche
den süßen Widerstand der zarten Haut
der Liebsten, die so wie du den grellen Tag
nicht sucht, um sich mit dir im schwarzen
Blumenfeld der Nacht tiefatmend zu vereinen.

Salz

Du dummer Junge, warum hast du so viel Salz ins Meer geschüttet?
Das Salzfässchen ist fast leer! So sprach Frau Gott zu ihrem Sohn und Herr Gott brummte nur:
Na ja, so sind die Kinder nun einmal.

Die eisigen Straßen wurden versalzt und so wieder befahrbar gemacht.
Wenn meine Gedanken zu stottern beginnen und anhalten wollen, weil die Hirnwindungen so kalt und mühsam zu erklimmen,
wo finde ich welches Salz,
sie zu enteisen?

Auf die Kälte zu schieben, weil immer jemand die Schuld tragen muss und man die eigene Rolle immer sehr persönlich betrachtet,
ist vielleicht feig, aber nur allzu menschlich.
Dies ist wahrscheinlich eine Übertragung,
denn die Kälte, die spüre ich ständig in meinen Fingern und in den Füssen.

Nun soll sie auch für die zeitweilige Leere des
Gehirns verantwortlich sein, als ob alles von
außen kommt und ich, der Erlebende, mich
diesen Einflüssen ausliefere, gegen sie nichts
machen will oder kann.

Da denke ich wieder an das Salz
und wie es eine Speise genießbar machen
kann, wie es die Geschmacklosigkeit
verschwinden lässt, wenn auch vielleicht
durch eine überlagernde Domination,
wo eher eine Verstärkung der Individualität
angemessen wäre, aber immerhin,
so schmecke ich etwas und kann es sogar
meist genießen. Aber ist der Genuss das
Leben oder nur da, um dieses attraktiver zu
gestalten, sind meine Wortspielereien da, um
mich in ein schöneres Licht zu stellen und bei
wem, für wen??

Das ist zwar eine lobenswerte Vorstellung,
doch eine abstruse Eigenblendung, denn
niemand kennt oder wird diese Texte kennen,
die irgendwo und irgendwann, doch allzu bald,
ausfärben und verrinnen werden.

Die Zeit

Sie hüpft, sie stolpert, es hopst die Zeit,
als wäre sie krank oder ein Säugling noch,
der für die ersten tapsenden Schritte bereit,
so meint man, aber dabei denkt man doch,

da man die Zeit versteht als den ständigen Fluss,
der stetig sich wandelnd, seine Wirbel versteckt,
weshalb man darin festen Fuß suchen muss,
doch selbst dann reißt sie uns herzlos weiter
und weg von dem, was wir glauben, es sei gewonnen,
gehöre uns, ach, welch ein schmählicher Trug!
Wir können sie nicht halten, die Freuden, die Wonnen,
der Zeitwind entreißt sie uns in einem Zug.

Bis wohin? Bis wir nackt? Bis zum Ende?
Wovon? Was war? Und Warum? Welche Fragen!
Wenn sich etwas, wenn sich nur einer fände,
Zu dem wir unsere Herzen tragen, unsere Hoffnung,
das Pochen in der Brust und das Zittern
der trockenen Lippen, die sich formen zu Bitten,
zum Beten vielleicht, das durch geblendeter Augen
Flirren und Flittern,
stumm schreiend aufsteigt aus der Not,
die wir durchlitten.

Zeit verhalte,
dass es vergeh'
das Leid, das uralte,
das Daseinsweh!

Dumpfes Wassergeräusch

Lang, lang, lang langsam und monoton
schwabbt in kleinen Wellen das Wasser
gegen die Wand, die Mauer vor mir,
nein, die Bretterwand, der Steg auf dem ich sitze,
die Stiege, die hinabführt
in das Wasser des Sees, oder ist es ein Teich
oder das Meer und schwabbt
lang lang lang langsam gegen die Bretterwand,
gegen den Steg, auf dem ich sitze.

Wahrscheinlich ist es die Sonne,
der lautlose Sonnenwind, den ich nicht sehen kann,
nicht sehen will,
und ich halte die Augen geschlossen,
den Sonnenwind auf den schmerzenden Augenlidern,
und das Geräusch es pocht weiter gegen meinen Steg.

Er vibriert, der Steg
im langsamen Rhythmus des Pochens,
des Anpochens der kleinen Wellen,
das mich ermüdet, langsam ermüdet,
und ich höre es fast nicht mehr,
das Wasser, und horche,
horche auf das lang lang langsame Anpochen,
das dumpfe stumpfe Geräusch des Wassers.

Abwiegen

Soll ich vergessen? Soll ich erneut wieder erinnern die Zeit, versuchen zu fassen und auszuweiten in mich, was zum Verkümmern sich neigt?

Schön ist der Tag, schön die Nacht und die Weite des Himmels, der Träume trägt in seinem Kommen und Gehen, den Gesten verspielter Schatten und selbstlosen Akkorden, die nicht nach dem Hörenden suchen,
da sie in sich selbst ihren eigenen Jubel verströmen.

Ein Tropfen

Auf einer glatten Oberfläche ohne Neigung
liegt ein Tropfen.
Kann nicht zerrinnen, kann nicht rollen oder
gleiten,

doch er muss sich bewegen, denn in sich ist
reine Kraft, ist Ballung, ist Leben und Sturm
und er arbeitet in sich. Wohin gehen,
rollen,
gleiten ...
Ein Tropfen, rund und still, auf einer glatten
Oberfläche.

Getrieben

Als wäre es nicht genug und weiter treibt uns
die Hast
und die Angst, es könnte doch etwas vergessen
sein
und damit verloren für das, was eben noch
so wesentlich und wertvoll uns schien.

Wie aber sollte es uns gelingen, aus der
Verwirrung
der Tage jenes zu lösen, das uns allein nur
bestimmt
und wartet, harrt verschämt, von uns
gefunden,
gerettet zu werden, ehe die Dunkelheit
es zum Erlöschen zwingt?

Oh Versuchung, sich dem zu entziehen, das
für uns bestimmt und als Gabe empfangen
und mit bangen Armen umfangen uns zu uns
selbst zurückgeleitet,
einzig liebend geschaffen von dem, das für
immer namenlos bleibt.

Zweifel

Was ich geliebt, gesucht, gefunden und
vergessen,
so mancherlei, was immer auch,
verliert sich mit der Zeit.

Man klammert sich an jedes Tages Ablauf
und meint, ob dies, ob jenes oder keines
sich widerspiegle im Erinnern,
wenn es doch erst gestern war, oder auch heute.

Der klare Blick wird immer schwerer
im Ablauf des gehetzten Schrumpfens,
dem Vorübergehen des Tages vom Erwachen
und neuerlichem Schlaf zum nächsten Morgen
hin,
an dem die ständig müden Augen
ins fahle Licht fast widerwillig nur sich öffnen

Verwehen

Wenn mich ein Wirbeln verwehte ins
Anderswo, wo Blumen in sonnigen Weiten
sich strecken, den Vögeln die grünenden
Arme die Bäume sich hinneigen, sie laden zu
freundlicher Rast,

in diesen ewigen Frühling getragen,
dem Gesang der lächelnden Natur
angeschmiegt,
leicht und befreit von der Schwere des Gestern
wollte ich mich verlieren, verlieren und
eingebettet
in den herrlichen Hauch seines Atems
mich den Träumen verschenken.

Verlorenheit

Sind es die vielen engen Wege, die
Unbegrenztheit
einer Leere, die sich weitet, wenn ich die
Augen schließe und mit banger Hand nach
einem Halt mich taste?

Ich verhalte und was Bewegung war,
verliert sich schweigend in der Ferne.

Vielleicht, wenn ich mich zwinge die
Nebelschwaden
aus der Sicht zu drängen, vielleicht, wenn ich
versuche hinzuhören, wo noch Musik sein
könnte,
farbiger Klang, und wellenförmig
mich der Wüstenwind, der Enkel alter Stürme,
abgeschwächt mich nicht mehr greift
und seine alten Gluten in mir zum
Verglimmen drängt...

Es verirrt sich der Verlauf meiner Gedanken,
da ich nicht weiter denken kann
als bis hinter jene Mauer, die irgendwo in mir
den Anprall der Zerstörung aufnimmt,
doch vibrierend übersteht.

Aus dem Fenster sehen

Zwischen den Schatten, dem staubigen Glanz
auf den Gehsteigen bis hin zu den lärmenden
Plätzen,
die um sich selbst kreisen mit sich drängenden
Fahrzeugen, suche die Angst zu vergessen,
wenn du durch das ständige Gewoge
der Menschenmasse dich drängst!

Zurück aber in deiner Wohnung verfolgt dich
das Stimmengewirre aus den Fernsehern,
und alle die Schreier, das herrliche Locken
der Werbung und die grimmigen Blicke der
verachtenden Journalisten
lassen dich nicht los.

Das misstönige Konzert mit den gleichen
Akkorden
verfolgt dich, zwingt dich, in diesem
Supermarkt oder jenem deinen Kaffee und
dein Steak so preiswert zu erwerben, wie es
der schmachtende Blick
der die Werbung dir zulächelnden Schönen preist.

Lehn dich zurück in den weichen Polster
deines Fauteuils und versuche,
den etwas schwankenden Blick
auf das Fenster zu richten, das hinaus auf die
graue Fensterfront des Gegenübers weist,
und vielleicht gelingt es dir,
das Plätschern eines versteckten Baches,
eines erträumten Waldes
aus dem abgestumpften Brausen des Tages
herauszufiltern
für einen fast seligen Augenblick.

Kleiner Garten in Montmartre

Die Häuserfront am Boulevard verschluckt
den Lärm und auch die Luft erreicht mich
leicht entgiftet.

Die Sonne aber,
sie zeigt sich mir nur kurze Zeit
zu Ostern jetzt, selbst wenn sich keine Wolken
boshaft, wie es scheinen mag, zwischen sie
und meinen kleinen Garten stellen.

Ein kleiner Garten ist es wert, dass Blumen
Hecken ihn verzieren. und selbst zwei Bäume
sich im Hintergrund bemühen, mir eine kleine
Dosis von Natur, nicht allzu frech, versuchen
anzubieten.

Gründonnerstag

Dann klagten sie, die Verlassenen,
und ihre Tränen flossen auf die gefalteten
Hände und weiter auf den trockenen Boden,
der ihr Seufzen zu hören schien.

Und die Trockenheit schwand, als wäre ein
plötzlicher Frühling über die Erde geeilt,
sie zu grüßen, ihnen zu danken. Gräser
begannen zu sprossen und Blumen, wo eben
noch brüchige Erde und Sand.

Die Weinenden aber erhoben sich und
schritten mit Eile zurück in die Stadt,
das Wunder zu verkünden.

Die anderen aber, sie lachten und zeigten
mit gestreckten Fingern auf die Getrösteten,
die ihre Blicken wendeten, still in ihre Häuser
kehrten,
um die Nacht im Gebet zu verbringen.

Taub

Bin ich der Taube, der mitten im Klangrausch
des lachenden Lebens allein dem
schwächlichen Pochen des Pulses lauscht und
vermeint,
die Monotonie und die Farblosigkeit rings um
mich her nur bedauernd durchwandern zu
müssen?
Das Lispeln und Wispern der Bäume und
Büsche,
der Windstoß aus unendlichen Akkorden im
Rauschen
der Blätter und des trocknenden Laubs,
fühle ich ihn, wie er mich begleitet, oder
wendet sich selbst die Natur mit leichter
Verachtung ab von mir?

Bin ich das dumme Brüderlein, dessen steriles
Denken nicht ausreicht, dessen Finger in
die Musik der Wälder greifen, und der sich
nächtens zur Seite dreht mit
geschlossenen Augen, wartet auf die kleinste
Bewegung,
die sein Trommelfell zum Vibrieren bringen
könnte, die ihn entführt in einen Tag, der aus
Träumen sich zusammenfügt, um ihm etwas
an Ruhe zu schenken,
die sein lauter Tag ihn quälend suchen ließ,
vergeblich.

Fantasien vor dem Einschlafen

Den Gesang der Vögel im einsamen Wald zu verfolgen, dem Rieseln und Plätschern zu lauschen versteckter, halb schon vermooster Quellen, lachend über sonnenhelle Wiesen zu laufen und sich anzusehen, nicht nur im Blick der anderen, wer lebt diese Stunden des Frühlings der Gefühle im staubigen Herbst der Stadt?

Schmucklos

Das Bächlein rauscht im Lied, die Poesie,
sie lässt das Mühlenrad noch drehen,
die schöne Welt, wie könnte sie bestehen
vor dem Kreischen, Schreien und dem Gebrüll,
das als Musik aus allen Quellen dringt,
die Konsumenten so zusammenstampft,
dass sie im Tamtam Rhythmus schnaufen
und sich wälzen in Ekstasen.

Wer wird nach Sehnsucht, Zärtlichkeit noch
fragen, wenn von Begierde abgestumpft
Hingabe einzig als Verlust mit in der
Rechnung aufscheint
für den kurzen Weg der Liebe

Ostern

Morgen ist der dritte Tag, und mit jubelnden
Kindern verläuft ein Fest, das noch vor
kurzem von unserer Welt, dem Abendland,
wie man sich nannte, als wichtigstes Datum
betrachtet wurde durch viele Jahrhunderte.

Das kleine Körbchen mit den bunten Eiern
und neben mir meine Schwester, die Eltern
und alle sind Teil der Vergangenheit
und nur noch farbige Bilder in mir, liebevolle
Erinnerungen an eine Zeit, so weit entfernt
und doch gestern nur, wie ich es sehen will.

Ostern, Ostersonntag und was bleibt mir,
bleibt mit mir und wird mich begleiten,
wenn ich mein Vergessen beginne?
Ostern, und ich sollte schweigen oder singen
oder irgendetwas denken und sagen, nur nicht
vom Vergehen sprechen, wenn dies doch der
dritte Tag ist,
an dem man sagt,
Er, jener, an den man so gerne glauben möchte,
sei auferstanden.

Gewinnen

Spiele gibt es, bei denen einer gewinnt,
wenn alle andren verlieren,
aber der unentwegte Optimist, er träumt von jenem,
bei dem alle gewinnen!

Wo gehöre ich hin oder will gehören?
Da ich nach Glück greife, wie alle mich sehen,
und hoffe, es werde sich zeigen, mir zeigen!

Da bin ich bereits vorüber an dem,
was ich so stolz von mir zeigen will.
Aufgegeben habe ich das Streben
nach dem Wohl einer Masse, an deren Wert
ich wahrscheinlich nie, oder nur in seltenen
ekstatischen Momenten geglaubt.

So zeige ich mich mir selbst mit meiner Beengtheit
und meiner Gier, nur mir selbst zu gehören,
bereit das Glück selbst noch auf dem Kadaver
der restlichen Welt zu erraffen.

Wo ist die Neugier

Was aber, wenn ich sie nicht mehr suche, die Neugier,
ist sie dann in mir erloschen, oder ist es
Schwächung, leichter Verlust nur der Gier nach dem Neuen,
dem zu Entdeckenden, die erst dann mit
Befriedigung enden will, wenn es nicht mehr neu ist,
das Neue, und das Gefundene häufig
nicht wert war des Suchens.

Wenn der Ausblick nicht mehr reizt,
sondern schreckt, weil dort nur ein Düsteres
zeigen sich könnte, versteckte Drohung
eines Unbekannten, unter dem festlichen
Rocke vergessenen Tanzes sich nackt
eine Wirklichkeit vor mir enthüllen möchte?

Es ist die Angst, die mich drängt die Gier zu vermeiden,
die Gier nach Erkennen, Finden und zu verstehen.
Selbst den flüchtigen Blick auf jenes, das im
Dunkeln keimt und wächst, mich bedroht,
bemühe ich mich
zu vermeiden und ihm zu entgehen,
mit geschlossenen Augen auf zeitlosen Wegen
mich tastend ins Unbestimmte zu flüchten.

Empfangen

Hell erklingen klare Töne,
Melodien voll Harmonie,
dass sich Widerstreit versöhne,
öffnet Glück die Seligkeit,
und dein liebevoller Blick
kündigt mir, du bist bereit.

Zartes Streicheln, mildes Lächeln,
so verscheuchst du meine Schatten,
vielgeliebte Gattin, leuchtest hell auf mich,
bist mir Sonne, schenkst mir Liebe.

Mich, den eisig dunklen Träumer,
weckst du auf aus der Erstarrung,
um dich mit erlösten Händen
zu empfangen, zu umarmen,
aufzuschweben mit dir
ins ersehnte Paradies.

Enthüllte Ideen

Eigentlich, wenn ich ein wenig nur mir
überlege, dann habe ich zwar Eifer, doch Ideen,
die bleiben keusch versteckt in meinem Hirn.

Doch da ich von Natur mit Neugier
ausgestattet, versuche ich mich zu verstehen,
verstehen, warum verhüllt, was ich erkennen
will, und warum ich, als ich dieses sagte,
die Eigenschaft als keusch bezeichnete.

Da ist vorerst zu bestimmen, ob sich,
wenn ich die Nebelwolke wegzublasen suche,
dahinter wirklich sich mir zeigen wollte, was
ich, ein wenig frech vielleicht, Ideen nannte
und damit behauptete,
ich hätte solche ohne weitere Fragen.

Doch da ich keusch bezeichnet ihr Verhalten,
sollten die Ideen, wenn enthüllt, mit ihrer
Unschuld Reiz verfuhren,
wem immer sie begegnen.

Und sonst nix

Insekten, Fliegen und dergleichen
fängt der Belästigte mit süßem Leim.
Kein schöner Tod für jene, ein Ersticken
am Mangel an Bewegung, festgeklebt,
gelähmt.

Doch der Schlaraffe auf der Rostra, gleicht er
nicht jenem Fliegenleimbereiter, wenn er, was
immer er auch sagt, es sagt im Reim,
um mit dem Wortgleichklang die
Aufmerksamkeit einzufangen der Sassen,
die ihm lauschen und nur Lulu rufen,
weil was sie hörten Gereimtes war, sonst nix.

Dies, unter anderem, hat inspiriert einst
mich, Ritter Schmafu, als ich den Ritterschlag
erhielt, als Suffix zu erwählen „und sonst nix".

Hat dies, was eben ich gesagt, eine Moral und
kam sie an,
da nicht vom Reimgeklingel dekoriert?

Die Hoffnung, heißt es, stirbt zuletzt, und
wenn es diesmal mir gelungen, Gehör für was
ich sagte, nicht trotz des Fehlens von Reim,
sondern gerade deswegen,
bei Euch zu finden,
dann fand dieses Bemühen seinen Zweck
und das ist viel für mich
und sonst nix!

Freilich war gestern

Freilich war gestern noch alles viel schöner und größer, denn die Erinnerung verzerrt jenes, das wir einst erlebten. Es ändert sich so in unserer Fantasie, dass wir lieben können, was uns einst nur ärgerte oder missfiel.

Darf man vergessen

Ich weiß, ich darf es nicht vergessen,
doch was es ist, das weiß ich nicht mehr, habe
vielleicht es niemals gewusst?

Was soll das Fragen nach dem Unbekannten,
wenn doch allein bedeutend scheint, dass jenes
Unbekannte stets bekannt sein sollte, und da
beißt sich usf. in den Schwanz. Womit zurück
zum Anfang dieser Überlegung, um dort nach
etwas Ausschau halten, dass sich nicht zeigen
will oder sich zeigt und nicht als das, was ich
erkennen will, sich zu erkennen gibt

Wortlos

Lass mich erwachen, lass mich aus dem Traum,
lass mich aus der Qual entweichen,
entfliehen dem Traum, der mich wie Fieber
schüttelt und suchen lässt, suchen

*das Wort, ich suche nach dem Wort, das mich
befreit von jener Angst, die mich gelähmt,
gefesselt, als ich erkennen musste, oder auch nur
glaubte zu erkennen, was mich erwartet, wenn
ich in Tag gestoßen werde, jenen Tag, der kein
Erbarmen kennt, gezwungen werde zu gestehen,
was ich nie getan, zu schreien eine Lüge, weil man
es so von mir verlangt, und dabei mit entsetzten
Augen sehen muss, wie sich das blanke Schwert
des Henkers seine nächsten Opfer sucht in einer
blinden, frohgemuten Menge …
und es blitzt das blanke Schwert …*

blitzt und reißt mich aus dem Schlaf in einen
Morgen, kühl und fremd.

Lache ich?

Wenn sich mein Mund verzieht und öffnet,
wenn die Laute, die ich produziere,
stoßweise, kichernd, bis ich mich verschlucke,
oder auch nur recht verhalten tönen,
um mich belustigt zu erkennen lassen,
so sagt man zu dem, was ich gerade mache,
Ich lache.

Man kann auf mancherlei so reagieren,
und damit wortlos eine Meinung demonstrieren.
So zeigt sich stärker die Wortlosigkeit
bisweilen als ein flüchtiges Wort.
Na ja, bei Worten kann man sich verreden,
irren und so die anderen verwirren,
die mit uns leben unterm selben Dache.
Seht Ihr? Ich lache.

Wie süß und sanft war einst das junge Weib,
das sich ihm hingab Seel' und Leib.
Doch wenn sie fest ihn einmal eingefangen,
erkennt er voller Schreck und Bangen,
wie aus ihr langsam wird ein böser Drache.
Ich bin nicht er: versteht Ihr, dass ich lache?

Von der Jugend

Wer träumt nicht davon, wie herrlich im
Gestern die Jugend verlief, und möchte gern
glauben,
dass dieses die wahre Vergangenheit zeigt.

Wenn diese Träume auch gern uns bezaubern,
so bleibt uns, wenn wir zurück im Heute
uns finden, der bittere Nachgeschmack des
Verlustes.

Der Ehrlichkeit halber sollten wir aber
bedenken, dass dies nicht gleich für alle Welt
zutrifft,
denn von Jugend zu träumen setzt auch voraus,

dass der Träumer auf diese Phase
zurückblicken kann, weil er davon schon seit
einiger Zeit entfernt.
Einfach gesagt, der Träumer ist etwas bejahrt.

Optionen der Fantasie

Könnte es sein, dass die Vögel Flügel
schwingen, so schnell, dass wir sie nicht sehen
und meinen,
es schwebe ein Schwereloses an uns vorbei?

Könnte es sein, dass ein Baum sich rühmt
mit den Jahresringen, die in ihm heimlich
wachsen. An all dies zu glauben, fällt mir recht
schwer.

Doch kann man sein Dasein sehen im
Konjunktiv, der Optionen bietet, von denen
man kaum den passenden Indikativ jemals
entdeckt.

Sicherlich, manches könnte so sein oder alles,
was man ins Blaue der Fantasie projiziert oder
dort zu erblicken vermeint oder erhofft.

Wozu aber greift man so leicht zur Verneinung,
verzichtet selbst, ehe der bunte Ballon uns entflieht?
Fehlt der Mut zum Versuch,
ist es Angst vor dem Fremden?

Könnte es sein, dass wir selbst uns beschränken, in der sicheren Realität uns verstecken,
ehe der Möglichkeit Atem in uns erstickt.

Anregung

Gern lasse ich mich von bekannten Weisen,
von Redewendungen oder Zitaten,
zum Fortführen dessen, was ich, fälschlich
vielleicht, doch das ist nicht von Bedeutung,
glaube als Sinn dergleichen Anregungen oder
deren Ziel verstanden zu haben.

Fortführen jedoch kann entsprechend dem
„fort" auch in andere Richtungen verlaufen,
wobei aber wesentlich bleibt der Bezug auf den
Ausgangspunkt.

Um hier ein Beispiel zu geben,
denke ich an den Begriff vom „schönen Alter",
der verschiedene Auslegungen erlaubt,
angefangen mit den üblichen Worten
Beruhigung, friedlich und weise bis hin zum
Hohn und zur Verspottung.

Dies tippe ich mit brennenden Augen, um den
heutigen Tag nicht zu beenden, gänzlich ohne
einen Text zu verfassen, denn die Mitternacht
naht und der nächste Schritt führt mich ins
Bett und in den Schlaf.

Später April

Üppiger blühen Büsche und Bäume, gefächelt
vom süßeren Wind, den der Frühling,
„wie üblich" so äußert der Skeptiker lästernd,
mit dem von der stärkeren Sonne erwärmten
erfrischenden Schauer tränkt.

Die Stadt aber zeigt sich freundlicher,
wenn der Regen den Staub von den Straßen
gewaschen
und Alleen und Gärten zur Promenade laden,
wenn in den belebten Gässchen der Duft von
Kaffee sich vermengt mit Blütengeruch aus
einem Park.

Fröhliches Lachen belebt und verschönt
traulich versteckte verwinkelte Plätze, die aus
der schläfrigen Winterzeit erwachen, um mit
erneutem romantischem Charme die dort sich
tummelnde Menge willkommen zu heißen.

Hinhören

Wenn der Tag mich blendet und Farben verbleichen,
sich im Wirbel verlieren und kreiseln, mich zu bedrohen beginnen, schließe ich die Augen und taste nach den leisen Tönen vertraulicher Lieder aus meiner Kindheit, die mich noch immer begleiten und trösten, wenn ich mich zu ihnen rette aus der Tage Geschrei.

Was macht sie so verführerisch, die Illusion?

Wenn ich nur daran denke, naht sich mir bereits,
was ich Versuchung nennen will, der Drang,
dem Wunsche nachzugeben, auch wenn ich
weiß, dass es nur Enttäuschung bringt, die
nachher schwerer mich belastet als zuvor.

Wenn ich versuche, mich so anzusehen, wie
ich die Welt zu sehen bin gewohnt, doch mir
die strenge Logik und Realität
all das, was ich sonst anzuwenden pflege,
für meinen Alltag und das Taggeschehen
untersage und mich weigere,

mich zu dem Spiegel hinzudrehen,
der mir mein unverhülltes Bild zu bieten wagt,
so sollte ich mich schämen für die Feigheit,
nicht zu erkennen zu wagen und zu leugnen,
was ich an mir entdecken könnte,
von dem ich aber weiß, dass es so ist.
Darum will ich mich jetzt zwingen, will die Hürde überspringen,
und ein frohes Liedchen singen:

Gern möchte ich ein Gläschen heben,
Edler Wein aus der Wachau,
Prosit rufen, er soll leben,
Heil dir Bacchus, komm und schau,
Wie ich dich, mein Freund, verehre
und auf dich mein Gläschen leere.

Gern vergönn ich dir ein Glas,
doch du solltest nicht vergessen, dass ein jedes
Übermaß
jenen näher bringt, von dessen
Sensenschlag dein schwächliches Herz
einst dich sendet himmelwärts.

Ach das Jenseits, sei kein Spießer.
Irgendwann muss jeder hin.
Komm und sei kein Spaßvermieser.
Ein Verzicht hat wenig Sinn.
Fängt die Welt an sich zu drehen,
tanz ich singend ins Vergehen

Erinnern

Schön ist es, an einem Sonntag,
der seinem Namen Ehre macht und strahlend
wärmend mich verlockt,

den steilen Weg hinaufzuklimmen
bis dort, wo sich am Place de Tertre die Touristen
dem bunten Treiben lärmend widmen.

So vieles habe ich vergessen, verloren auf dem
langen Weg der Jahre.
Wohin ist das Vergessene?

Ist es verloren für immer oder gibt es eine
weiche Hand,
die aushebt, die aufhebt,

was dem Erinnern mir entfallen, das Verlorene
bewahrt und es für immer zärtlich hütet?
Die andere Welt

Erzählen, was ich erfunden, um mir ein Bild
von einer schöneren Welt, wie man sagt,
vertraut zu machen, so sehr, dass ich meine,
ich sei Teil jener Fantasie, die ich erfand, eben
um diese Verwirrung erleben zu können.

Was aber macht jene Welt so attraktiv,
was ist anders, verschieden von jener, in der
ich lebe? Oder sollte ich nicht eher fragen,
was ich möchte, ändern möchte, wenn ich es
könnte?
Oder wenn nicht, das Schwere mir etwas
erleichtern?

Was tut er nicht alles, der Mai, der Liebe Monat?

Er ist gekommen, so singt man und alles neu macht er,
so sagt man, doch wozu das nützlich sei und ob das
Neue besser als das Alte, sind Überlegungen,
die man nicht anstellen sollte.

Der Jubel allein ist eine Beglückung schon, auch wenn
er vielleicht uns wie Selbstbetrug erscheint,
in den man sich verliert, um zu vergessen und
um die Schwere des Alltags zu erleichtern im Lied.

Das Leben aber ist nicht Traurigkeit,
und täglich fordert es von uns Bewährung,
denn Ruhe ist Verzichten, ist Verlust
und engt uns ein, die Fülle zu genießen

Drum wagt es Euren Rückhalt zu vergessen,
zu jubeln und besingen diesen Mai,
der immer wieder uns verkünden will,
dass alles anders sich ergeben könnte.

Unabwendbar

Hast du schon hineingerufen
in den langbekannten Wald? Bist du über
tausend Stufen aufgestiegen und hast bald
keinen Namen mehr und Rang, da dich
Überschwang betörte
und dich nur der Abgesang
fremder Lieder seltsam störte

und die schlanken weichen Lenden
dich aus der Versenkung lockten,
wo dir zwischen feuchten Wänden
Puls und Atem stockten,

bis sie kam, die Wiederkehr
des schon fast vergessenen Tones
und sich anbot zum Verzehr
Blut und Fleisch des eignen Sohnes.

Schrei sie in die Nacht hinaus
deines ewigen Abfalls Sühne!
Nimmer hörst du den Applaus
auf des jüngsten Tages Bühne.

Der Schlägere

Sie schlagen aus!
Die Bäume, die Pferde und die Ungenannten,
die den Kranken mit ihren Ausschlägen
quälen. Und das im Mai!
Oder kommt dieser Gedanke nur gelaufen,
weil es so schön ist, nur von Liebe zu reden,
weil dies der Wonnemonat und er schlägt mit
Lust, er schlägt mit Liebe und Verwirrung,
und wenn ich zurückschlagen will,
ihn, den Schläger,
lacht er mich aus.

Schlagen
aus und auf und nieder, vor und zu
und so geht es weiter, immer um den Schlag
herum und das ist, wenn ich zu sagen wage,
bedrohlich und ängstigend,
denn es redet von Gewalt und Brutalität,
Aggression und Aktivität.

Was bleibt dann von dem schönen Mai, wenn
sich das frohe Bild zerschlägt?

Übergang

Wie oft noch werde bang ich fragen,
was auf mich wartet dort im Dunklen,
wenn ich den Schlaf ermüdet suche
und hinter den geschlossenen Lidern mich
zwingen will, etwas zu sehen, das freundlich
zu mir ist und heiter, mich an der Hand
nimmt, mich zu führen ins Traumland,
wo die Angst verbannt. Das Dunkel, es ist wie
ein Meer, in das die Sonne sank zur Nacht und
nichts mehr bleibt von Licht und Wärme als
ein Erinnern ohne Rührung,
als gäb es keine Wiederkehr.

So treiben meine hellen Wünsche auf dieser
wellenlosen Schwärze, in der sie untergehen,
vergehen, bis ich mich in das Schweigern
verliere, wo es mich wiederfinden lässt.
geschüttelt willenloses Treibgut im Meer der
unerfüllten Träume.

Ascension oder Christi Himmelfahrt

Auffahren,
ja ich fahre auf, wenn man mich reizt,
doch frage mich nicht, wie dieses geht,
das Auffahren in einen Himmel?

Dabei kennt doch ein jeder, was man uns
erzählt.
Doch wenige nur sind sie, die sich mit diesem Bild
noch trösten lassen. Denn jener, der damals
aufgefahren, er fuhr hinauf in einen Himmel,
den er sich selbst. geschaffen, bzw. war es eher
doch sein Vater,
der ihn gebastelt und geschaffen?

Der Kreator, der am Anfang war
und diesen Anfang aus sich selbst geschaffen,
und dann gestattete, dass sich alles hin zu
der Zerstörung drängte, der dem, was er
geschaffen, auch eingab
die Idee von der Vernichtung seiner selbst.
Um schließlich das Geschaffene zu reparieren,
es zu erneuern aufgeopfert seinen Sohn.

Welch Bau, der ständig sich zerkrümelt,
welch Sein, das sich durch Änderung nur
retten kann,
und schließlich fährt das Ganze irgendwie ins
Irgendwo und schenkt den Himmel jenen,
die ihn sehen wollen und ihn preisen.

Ich aber, ich rede mir gut zu, ich habe mich
etwas verfahren, denn diese Auffahrt, sie ist
allzu kompliziert für einen, der ständig an den
eigenen Fragen nagt
und schluckt, um sich daran nicht zu
verschlucken

Ein ganzer Mann

Singen wie jener Eigenprotz
Auf seiner Opernbühne

*O ich bin klug und weise
und mich betrügt man nicht ...
Ich bin fürwahr ein ganzer Mann, ein ganzer Mann.*

Soll ich mich selber an der Nase fassen und
versuchen, mich der Wirklichkeit zu stellen,
die von der Fieberhitze meiner Selbstbeschau
so sehr verblendet und verzerrt, mir eine
Parodie nur zeigt,
in der ich stolz mich an der eignen Stimme
so berausche, als wäre diese Welt mein Eigen.
Ja, sie ist es, ist die Projektion der
Eigenschätzung
und des Selbstbetrugs.

Denn diese Welt, sie ist von mir geschaffen
und sie vergeht mit mir, wie alle anderen,
die täglich neu entstehen und verschwinden
mit dem, aus dem sie einst gewachsen.

Inhaltsverzeichnis

Zwischenzeit	6
WerWasWoWie oder der wachsende Wert des «W»	8
Du hast mir den Rücken gekehrt	11
Pures Gequassel	13
Nochmals Zeit	15
Der steife Nacken	16
Trennung	17
Wortgebastel	18
Trister Melomane	19
Nicht Homer noch Shakespeare	20
Der Wasserträger	21
Erinnern	22
Am See	23
Gefasel	24
Von Zeit zu Zeit	26
Dreikönigstag	27
Winterfantasie	29
Eine Melodie	30
Seufzen	31
Abhang	32
Ermunterung	33
Gewissensbisse	34

Qualm	36
Hinaufsteigen die Rue Lepic	38
Ungewissheit	40
Wieviel	41
Irgend	42
Vergänglichkeit	43
Am Tag nachher	47
Werde ich morgen bedauern	49
Übrigens	50
Gesunder Menschverstand	51
noch zwei Minuten	53
Fast Mitternacht	54
Sich betrachten	55
Telefon	57
Versuch	59
Unendlich	61
Geschwächte Inspiration	63
Standort	64
Beunruhigt	65
Ablenkversuch	66
Umblättern	67
Unbekannte Schuld	68
Beruhigung für Claudie, meine Gattin	69
Schreit lauter, Genossen	71
Nachtlied	73

Salz	74
Die Zeit	76
Dumpfes Wassergeräusch	78
Abwiegen	80
Ein Tropfen	81
Getrieben	82
Zweifel	83
Verwehen	84
Verlorenheit	85
Aus dem Fenster sehen	87
Kleiner Garten in Montmartre	89
Gründonnerstag	90
Taub	91
Fantasien vor dem Einschlafen	93
Schmucklos	94
Ostern	95
Gewinnen	96
Wo ist die Neugier	97
Empfangen	99
Enthüllte Ideen	100
Und sonst nix	101
Freilich war gestern	103
Darf man vergessen	104
Wortlos	105
Lache ich?	106
Von der Jugend	107

Optionen der Fantasie 108
Anregung 110
Später April 111
Hinhören 112
Was macht sie so verführerisch,
die Illusion? 113
Erinnern 115
Was tut er nicht alles,
der Mai, der Liebe Monat? 117
Unabwendbar 118
Der Schlägere 119
Übergang 120
Ascension oder Christi Himmelfahrt 121
Ein ganzer Mann 123

Der Autor

Der 1931 geborene Rudolf Pernusch bewunderte schon immer die großen Dichter, schätzte aber auch die Außenseiter, über deren groteske Lyrik er seine Dissertation schrieb. Später war er bis zum Ruhestand als leitender Angestellter im Personalwesen für internationale Unternehmen tätig. Selbst dann war er noch immer voller Verehrung und Respekt für die Dichterheroen, wagte aber erst viele Jahre später, eigene Texte zu schreiben, bis er sich mit 91 Jahren für die Veröffentlichung einiger Gedichte entschied.

Rudolf Pernusch lebt in Klagenfurt und Paris. Er ist verheiratet und hat 3 Kinder. Nach „Schöne Aussichten – oder?" ist dies bereits die zweite Veröffentlichung des Autors im Vindobona Verlag.

DER VERLAG

VINDOBONA
VERLAG SEIT 1946

ein Verlag mit Geschichte

Bereits seit 1946 steht der Vindobona Verlag im Dienst seiner Bücher und Autoren. Ursprünglich im Bereich periodisch erscheinender Journale tätig, präsentiert sich der Verlag heute als kompetenter Partner für Neuautoren am deutschen, österreichischen und schweizerischen Buchmarkt. Engagement, Verlässlichkeit und Sachverstand – das sind die Grundpfeiler, auf denen der Verlag seit jeher sicher steht.

Sie möchten mit Ihrem Werk das vielseitige Verlagsprogramm bereichern? Der Vindobona Verlag garantiert Ihnen eine professionelle Prüfung Ihres Manuskriptes durch das Lektorat sowie eine zeitnahe Rückmeldung.

Genauere Informationen zum Verlag finden Sie im Internet unter:

www.vindobonaverlag.com

Rudolf Pernusch

Schöne Aussichten – oder?

Meist poetische Texte und Betrachtungen

ISBN 978-3-949263-72-9
154 Seiten

Der moderne Poet betrachtet unsere (un-)heile Welt aus der sicheren Perspektive seines Elfenbeinturms und könnte mehr als einmal an dieser, unserer Welt verzweifeln. Doch alles Wehklagen nützt nichts, schaut man nicht auch mit etwas Hoffnung in die Zukunft.